죽음의 쓸모

박미라 시집

## 죽음의 쓸모

달아실시선
96

달아실

보조 용언과 합성 명사의 띄어쓰기 등 본문의 맞춤법은 시인의 의도에 따른 것임.

시인의 말

녹슬어 눕는 것들의 다음이 고요라는 말은
내가 만들어낸 거짓말이다.

이제 못 주머니도 헐렁한데
나의 서투른 망치질에 튕겨 나간 못이
혹, 당신에게 날아가지는 않았을까?
빗맞은 자리가 패인 것은 아닐까?

돌을 꽃이라고 오역하는 내게
당신이, 부러진 못을 들이댄다고 해도
그래, 공손히 받겠다.

나는 아직 못이다.


2025년 8월
박미라

**차례**

죽음의 쓸모

시인의 말　5

**1부**

사소한 기록　12
태풍의 눈　14
스포일러　15
죽음의 쓸모　16
노인을 위한 나라는 없다　18
목격담　19
그래서 봄비가 싫어　20
먼지 알러지　22
흐르는 강물처럼　24
이별증후군　26
영구동토 생성記　28
지렁이 랩소디　30
낙관을 찾아서　32
수족냉증 1　34

**2부**

송화 36
손 줄까? 38
탄생의 이면 40
얼굴 42
가지 가지 44
죽은 강아지를 위한 파반느 46
잠의 총량을 구하는 공식 48
눈부신 오류 50
손가락 수난기 52
무늬오징어 54
사랑니가 있었다 56
멀어서 아름다운 것들이 있다 58
엄마한테 이를 거야 60
생일 혹은 데자뷰 62

**3부**

별을 위로하는 까닭　64
그리운 사막　66
죽음의 풍경을 힐끗 바라보다　68
토굴새우젓을 사러 가시면　70
자두의 변용　72
새　74
어지간하다　76
밥에 대한 예의　78
낯선 여자　80
칼의 자전自轉　82
풍경을 바라보는 자세　83
어머님 전 상서　84
빈손　86
그러니까 언니　88

**4부**

트집 잡기　90
다 녹을 텐데 뭐　92
꼬리가 긴 표절에게　94
수족냉증 2　96
빗방울 화석　98
강낭콩 아류　100
두릅　102
바다를 다 이해할 필요는 없지만　104
느릅나무 삶아 먹기　106
사막을 견디는 방법　108
시월 일정표　110
화양연화　112
지워지는 것들　114

**해설** _ 거짓말, 그 지독한 연민에 대한 보고서 • 신상조　116

1부

# 사소한 기록

고래가 있었다
캄캄하고 뜨겁고 기다란 몸을 가진 고래였다
우리 집 고래는 불을 잘 먹는단다 할머니는
고래 속으로 고래 속으로 불을 밀어넣었는데
고래가, 욕심껏 삼킨 불을 어쩌지 못해
꾸역꾸역 게워낼 때면 내 등짝이 후끈거렸다

할머니가 죽고, 동생이 죽고, 뒤란 감나무가 죽고,

숨죽여 울다가 차디차게 식어버린 고래
더는 불길 들이지 않는 저녁을 견디던 고래가
스스로 무너져 내렸다

내가, 고래 없는 세상으로 숨어든 다음
고래는 바다로 갔다던데

더는 불길 삼킬 고래도 없는 옛집을 떠난 후
불꽃 같은 분수를 짊어지고 떠돌더라는
고래 이야기를 듣고 또 듣고

고래가 없이도 등짝을 데우는 방법이 우거진 세상에서
내 등짝은 마른장마에도 눅눅해서

가끔 바다에 들려 고래 소식을 수소문해보는데

바다가 지피는 불은 참, 뜨겁기도 하더군
얼마나 다행인지

## 태풍의 눈

곪아터지는 일쯤이야 이골이 났지만
견딜 만큼 견딘다는 것도 다 지나간 얘기여서

마른번개처럼 번뜩인 칼날이
는개 자오록한 저녁처럼 아득했는데

아직은 노려볼 곳도 있고
담아둘 것들도 남았다고

오른쪽 눈꺼풀에 앉았던 바람의 씨앗 하나를 파내면서

밤물처럼 잦아드는 통증을 다스리다가
뜬금없이, 태풍의 눈을 생각하는데

멀어진 것들이 자꾸 눈에 밟힌다

자주 눈에 박힌다

# 스포일러


칠월 초하루 아침 아홉 시 날씨 맑음

현대식 지붕이 높다란 재래시장 입구 버스 정류장
엊그제 덧칠한 듯 번들거리는 나무 의자에서
베레모가 중절모에게 소주를 따른다
왼손으로 오른손을 받쳐들고 허리를 살짝 굽혔다
베레모는 상당한 수준의 음주문화가 몸에 익었는지
허리가 워낙 저토록 겸손하게 굽었는지는 모르겠고
한쪽 다리를 의자에 얹어둔 중절모가
세상에서 가장 편한 손을 내밀어 잔을 받는 중이다
빈 소주병 두 개가 검은 비닐봉지의 입을 벌리며 쓰러져 있다
저 봉지 속에 과자부스러기나 마른 멸치 몇 마리
남아있을까, 남아있겠지, 남아있어야지,

베레모가 두 번째 잔을 따르기 전에 버스는 출발했다

어떤 마음은 엉뚱한 풍경에게 방점을 찍기도 하지만
쓸쓸하기에는 너무 맑은 하늘이다

## 죽음의 쓸모


서어나무 한 그루 고요하다
제가 제 죽음을 믿을 수 없거나
끝내지 못한 문장이 있는 시인의 후생인 것만 같은

저 죽음의 준비는 오랜 시간이 걸린 듯
살점을 말끔히 저며내고 큰 키를 접어 그늘을 거두고
먼 인연의 바람에게 물기를 부탁했을 테지

지금 내가 보고 있는 것은 서어나무의 진행형 환생 과정은 아닐지

육탈의 갯골을 타고 천만 갈래의 와디가 지나간 자리를 곰곰 살펴
바닥을 고르고 알을 낳는 알락수염하늘소\*의 비명으로 숲이 잠깐 소란했는데

죽어서 다시 사는 서어나무의 간절이 푸르르 웃겠다
그러니까 서어나무는 알락수염하늘소를 부려서 날아갈 다음 생을 기다리던 거였다

키다리 서어나무를 데리고 숲을 살아내야 하는 알락수염하늘소는
　나무가 아주 떠나기 전에 온전한 집터를 찾아야 할 텐데
　편애가 심하다는 서어나무의 본관**을 믿는 수밖에

　어쩌면, 알락수염하늘소의 수염 무늬는 제가 환생시킨 서어나무의 숫자인 듯도 하여

　죽어서 다시 사는 것들의 이름 앞에 깊이 절한다










\* 죽은 서어나무의 껍질을 열고 알을 낳는다.
\*\* 서어나무의 나이테는 간격이 일정하지 않다.

## 노인을 위한 나라는 없다*

 어른도 무서울 때가 있고 울고 싶을 때가 있다 무섭다는 말은 잊은 척하고 울음은 넘어오기 전에 삼킨다. 삼켜도 삼켜도 넘길 수 없는 것들은 헛기침으로 얼버무린다. 어른이 우는 것은 주책이라고 하고 노인의 외로움은 질병으로 분류된다 의학의 밑거름이 된다는 사탕발림을 믿는 이들을 어른이라고 부른다

 햇살 쏟아지는 넓은 창을 꿈꾼다 모든 희미해지는 것들 속에서 가장 또렷하게 나부대는 것들은 하늘 속에 다 들어있다 부르는 이름마다 금방 나타나서 울거나 웃는다 밤중이어도 한낮이어도 한결같이 달려오던 얼굴들이 흐릿해지기 시작하면서 무섬증이 심해졌다 함부로 주저앉아 무섭다고 외치거나 훌쩍이고 싶다

 아직 다 꺼내 쓰지 못한 희망 따위가 돌덩이처럼 굳어서 목구멍을 막고 발목을 잡고 오오 별걸 다 쟁여두라고 종주먹을 댄다 그게 다 시간의 잘못인 것을 안다 분명히 말하지만 내 잘못은 아니다

* 코맥 매카시 소설에서 빌림.

# 목격담

엘리베이터 안에서 삶은 계란을 입속으로 밀어넣는 여자와
눈이 마주쳤다. 여자의 눈이 사물사물 웃는다.

땅에 닿기 전에 삼키려는 듯 여자의 목줄이 불끈거린다
개구리를 삼키던 뱀이 생각나서 눈을 질끈 감았다

삶은 계란도 없는 나는 마른침이나 삼키는데
목이 콱 막힌다
가슴을 두드리지도 못하고 서둘러 엘리베이터를 내렸다

여자가 빈 택배 카트를 끌고 눈 깜짝할 사이에 사라졌다

삶은 계란은 힘이 세구나

# 그래서 봄비가 싫어

돌아간 후에 열어보라고, 별것도 아니라고,
마른 입술을 어린 꽃봉오리처럼 툭툭 터뜨리며

뭉치고접고다지고두드린
밤도 아침도 창문도 무지개도 다 들었다고
봄비 속에서 천둥이 운다

마침내 꽃은 피고

불현듯 바람 불고

미처 다 알아듣지 못한 것들을 봄이라고 싸잡아 부르면서

봄 쪽으로 팔을 뻗는 화분 속 떡갈나무에게
사는 게 다 그렇지
우리 엄마도 죽었단다 봄이었어
죽기 좋은 계절이지
너는 어떠냐?

찬물이나 한 그릇 권한다

## 먼지 알러지

 채송화씨만 한 발화점에서 시작되었다 먼지의 공격이라니, 정수리 끝까지 닿은 먼지의 촉수에서 칼끝 반짝인다 얼굴 한쪽을 다 빌려주고서야 불에 덴 듯 비명 터지고, 욕지거리가 거들고, 병원이 거들고, 판이 커지는데 침략의 근성은 끝까지 물러서지 않는 무작정이어서 끝내는 나도 저도 맥없이 주저앉는다

 이런 뜻밖의 수확이라니!

 먼지가 앉았던 자리가 폭, 가라앉았다 당신은 작은 연못이라고 말해주거나 빗방울 화석을 베꼈다고 혀를 찰지도 모른다 그러니까 먼지는 빗방울을 척후병으로 숨겨왔던 것이다

 눈물 저장고가 생겼구나 무시로 당도하는 사랑 앞에서 맨울음을 울지 않아도 되겠구나

 몰래 웃는다

어떤 오해가 꽃씨를 떨구거나 오랜 작정의 끝처럼 비의 기억을 지울지도 모르겠다 그래도, 어린 늪의 탄생을 즐거이 공개하겠다

 빗장뼈 아래 있다는 잡식성 번민이 먼지의 숙주라는 설이 있다

## 흐르는 강물처럼*


흘러내려 쌓이는 촛농을 긁어 다시 불을 붙이면

그림자나 뜯어먹는 정자나무 아래 오후처럼
바람의 발바닥이나 가늠하는 낡은 신발처럼
발등에 주검을 쌓아놓는 기억일 뿐인데

불꽃을 키우지도 못하고 아주 꺼지지도 못하는

샛별도 저문 그믐밤 같아서
흘러내리는 것들을 진저리치기에 적당한데

뱀처럼, 매미처럼, 허물 벗어두고
여기를 저기로 옮겨보고 싶어서
밤새 짖어대는 집 없는 개처럼
마음의 곡비 하나 불러내는데

끝없이, 끝없이보다 더 끝없이

흘러내리는 것들은 흐르는 것들을 꿈꾸는데

\* 파울로 코엘료 著.

# 이별증후군

 사내가 돌보는 저장강박의 산더미에 강아지 한 마리 도착해있다 속눈썹이 길고 짝짝이 양말을 신었는데 수의였을까 검은 비닐봉지를 입었다 두 달쯤 됐겠네 이쁘기도 하지 이별이 얼마나 어려운데 사내가 묻고 대답하고 코를 훌쩍인다 던질 수도 없고 끌어안을 수도 없는 뜻밖의 이별을 받쳐들고 전전긍긍 잘 살지 잘 기르지 헛말을 곱씹는다

 사내는 자신이 수집한 이별의 증거물에 누구의 접근도 허락하지 않는다 한 번 이별한 것들에게 다시 이별을 시킬 수 없다고 사내는 산더미를 키우는 것이다 세상의 모든 이별을 다 위로할 수는 없지만 자신이 돌보는 동안만이라도 슬프지 말라고 무너지는 것들을 다시 쌓는 것이다

 사내는 이해할 수 없는 것이다 내가 있는데 내가 껴안고 살겠다는데 겪을 만큼 겪겠다는데

 다가갈 수 없을 만큼 지독한 이별의 냄새를 비집고 손내미는 푸른 이파리 몇. 거기서 또 꽃을 피우는 저 눈물

같은, 악착같은, 이별.

이 별에서는 미기록 이별이 무장무장 태어난다

## 영구동토 생성記

그가, 수시로 액자 속을 드나든다는데
허공중에 길을 닦아두었는지 행로를 짐작할 수 없다기에
침대 모서리에 모래시계를 세워둔다
눈에 띄기 어렵게 그믐밤 색깔로 골랐다
그의 한숨이 툭, 쳐서 바닥으로 떨어뜨리면
깜짝 놀란 대리석 바닥이 펄쩍 뛰고
모래시계는 산산조각 깨어지고 모래들 사방으로 흩어지리라
그러면 되었다
그가 그 모래알들을 다 헤아릴 때까지 나는
세상에서 제일 친절한 새 액자를 만들겠다
어린 물푸레나무를 구하여 정성껏 가꾸고
파르스름한 살결이 제법 향기로워지면
어르고 달래며 반그늘에서 물기를 거두고
비로소 액자를 만들겠다
그때, 마음 놓고 액자 속으로 옮겨와도 좋다
끝내지 못한 편지를 간추려 집을 꾸리겠지
그가 시절 없이 피고 지는 것들을 돌아보지 않을 것을 안다

정성을 다했지만 아직 눈물 남아있어서
액자가 틀어지거나 떨어질 수도 있겠지만

그가 자리 잡은 후
내 입김도 식은 후

모든 것들이 얼어붙으리라
가장 게으르고 무거운 말이 천천히 도착할 때까지 기다려
그래, 우리의 영구동토가 의젓하리라
너무 오래 달려와 과호흡으로 덜컥이는 것들이 모두 정지하고
투병도 이별도 더는 자라지 않는
영구동토를 그에게 주겠다
내 것으로 삼겠다

## 지렁이 랩소디

덥다, 뜨겁다, 펄펄 끓는다. 절절 끓는다.
살이 타들어간다. 데어 죽을 것 같다.
드문드문 꺼내 쓰던 낱말을 뒤적인다

그러나, 나갈 사람은 나가고 뛸 사람은 뛰어야 산다고

죽음을 작정한 사람처럼 불볕 속을 걸어가는데
보도블록 위에 죽은 지렁이 즐비하다

어디로 가려던 것일까
풀밭도 그늘도 멀고 먼데
어쩌자고, 길을 잡았나
죽은 지렁이를 밟지 않으려고 경중거린다

지렁이는 데어 죽었다
지렁이는 말라 죽었다
지렁이는 타 죽었다

꺼낼 시간을 놓친 쿠키처럼 숯이 되는 중이다

아니다 숯처럼 다시 불이 될 수는 없을 테니
저 혼자 바스러져 지워지는 중이다

지렁이와 다른 목숨을 사는 나는
죽지 않고 마트에 다녀올 수 있다

존엄사에 대한 생각을 정리하기 좋은 날씨다

## 낙관을 찾아서

있었어, 있었다구,

저녁마다 숨죽여 울던 여자가 있었다. 녹슨 가위로 달빛을 오려 붙인 박꽃이 있었다. 아무것도 모른다고 꽁무니를 흔들던 반딧불이가 있었다. 간장독에 빠져 죽은 앵두꽃이 있었다. 살얼음을 깨고 송사리를 부르던 어린 손이 있었다.

있었어. 있었다구,

니가 아부지 인감도장이다 알아듣지 못할 주문을 곱씹던 여자가 있었다 뜰팍에 걸터앉으면 늘어진 젖가슴이 갸르릉거리던 여자였다 바짝 말라붙은 개밥그릇 곁에서 막도장 하나를 무심히 주무르다 새벽차를 탄 구두가 있었다

낙관 하나쯤 나한테 줘도 되겠지 벽옥은 버겁고 대추나무는 괜히 슬퍼 벼락 맞은 나무를* 고르라니 내가 어떻게 네 팔을 잘라서 내 이름을 새기겠니 네가 어떻게 나를 껴안고 물속에 들겠니 버리지도 못하고 있었다고 우기지도

못하고

  나는 찍을 수 없는 낙관을 모시고 사는 최초의 인류로 기록될 거야

  그래, 있었어. 찾지 않을래, 찾지 못할래, 이제 그만 일어설래

* 벼락 맞은 대추나무는 물에 가라앉지 않는다.

## 수족냉증 1

세상을 쩔쩔 끓여놓으셨다

하마 오나, 오나,
화롯불 다독이시던 그때처럼

덥히고 또 덥히고

그렇게도 더위를 잘 다스린다는 익모초도
혀를 빼문 개처럼 헐떡이는데

불볕 퍼붓는 유월 초이렛날 떠나신 까닭이
물려주신 수족냉증을 염려하심이었다니

삼복더위 속에서도
뼛속까지 서늘한 등짝 하나

땡볕 아래 엎드렸다

# 2부

## 송화

 북쪽 땅에 다녀온 적이 있다 사람 사는 데가 다 거기서 거기라지만 거기는 거기고 여기는 여기더라 보고 듣고 밟고 온 모든 것들이 없는 첫사랑처럼 까마득하다가 문득 사무치기도 했는데

 오늘 잠깐 다녀온 산책 뒤에 눈물까지 흘려가며 재채기를 한다 때 이른 송홧가루를 꽃잎처럼 손바닥에 받았던 탓 같은데 북쪽에서 가져왔던 송홧가루 다식을 먹으며 까닭 없이 터지던 울컥과 닮았다 거기서 누가 나를 부를 것도 아닌데 나는 자꾸 훌쩍인다

 봄꽃 알러지라고 가볍게 넘기지 않겠다 어떤 간절이 닿아 저렇게 노란 봄을 보냈는지 곰곰 생각하지도 않겠다 해마다 송화 필 때 버릇처럼 터지는 재채기를 핑계로 잠깐씩 없는 너를 그리워하겠다 송화꽃 필 때 만나자 같은 실없는 약속은 옛글에서나 나온다지만 부질없이 적어본다 "여기도 송화꽃이 피었더라"

 어쩌면 송화강가에서 재채기를 하는 사람 하나 있을지

도 모르겠다

# 손 줄까?


　-악몽에 쫓겨온 여자가 침대 아래 쓰러진다. 와상환자인 사내가 묻는다
　"손 줄까?"

　멈춘 듯 흐르는 구름을 바라볼 때, 허물어진 담장도 없는데 제 발에 걸려 넘어질 때, 짚고 일어날 목소리도 없어서 망연할 때, "손 줄까?" 이명처럼 들리는 한마디가 뜨겁게 사무쳐서 엎어진 발등을 물끄러미 바라보다가 오래 비 맞은 청동 문짝 같은 손등이나 문지른다

　와전되거나 부식되는 전설처럼 옛날에 옛날에 내게도 그런 말이 있었다고 꺼내보고 싶었다

　"손 줄까?"

어떤 말은 영혼에서 꺼낼 때만 들린다지만
나는, 너무 깊이 묻었구나

　내게서 발굴된 저 말을 방송으로 듣게 되다니

아름다운 세상이다

## 탄생의 이면

모든 탄생은 밀어내기가 맞는 줄 알지만
거짓말이어서 더 크게 들리는 위로도 있다기에

꼿꼿하던 허리가 급하게 휘어진 이 길을 비켜섰다고 쓰겠다

제가 저를 쉽게 잊을 수 없었는지
다시 반대쪽으로 굽었다

저만큼에서 새 길이 태어나는 중이다

비켜선 길을 걸어서 집으로 가려면
꽤 많이 돌아가야 한다
멀어진 길을 천천히 걸어가면
저녁이 조금 깊어지고 하루치의 노동이 가뭇해지겠다
지나가는 이들의 붉으락 푸르락도 들키지 않겠다

새길은 조금 미안한 듯 머뭇대다가
이내 허리를 쭉 펴고 도착할 것이다

한때, 흐드러지던 찔레꽃 덤불들 부지런히도 떠났다
탄탄대로가 모두 씩씩하고 모두 아름다운 것은 아니지만
더불어라는 말을 알아듣지 못하는 것도 아니지만

그립다는 말은 왜 자꾸 뒤를 돌아보게 하는지

## 얼굴

 돌다리를 놓으려던 손이 있었는지 군데군데 허방이 있고 출처도 색깔도 알 수 없는 물감이 점점이 떨어져있다 꽃잎이라고 우기고도 싶지만 잘못 엎지른 들큼한 것들처럼 끈적인다

 누가 다녀갔을까? 설핏 스치는 꽃냄새에 잠깐 어지럽다 사라지지 않는 향기라니, 어떻게 향기를 가둬둘 수 있었는지 갸웃대다가 뿌리도 없이 살아남은 무리들을 찾았다 꽃이 아니고도 향기로운 것들이 저렇게 많구나 잠깐 미안해진다 그렇지만 오래된 것들이 풍기는 냄새에는 설명할 수 없는 지독한 기록이 들어있다

 내가 자꾸 고개를 흔드는 것은 그것들의 냄새를 덜어내려는 속임수여서 가끔은 내가 먼저 속기도 한다

 낮달이 휘영청 밝은 한나절처럼 쓸데없는 술수를 터득하는 중이다

 결국 다 들키고 말겠지만 부디 못 본 척 지나가기를

바짝 마른 개울둑에 개망초꽃 듬성듬성 남았다

큰물이 빈번하기는 했다

# 가지 가지


버스 옆자리에 가지가 놓여있다

서너 번 재활용한 듯 찢어지고 뚫어진 비닐봉투는
처음에는 하얀 봉투였을 것이다

가지는 대여섯 개
가지각색으로 생겼다
살이 통통하고 껍질이 반들거리는
쌍둥이 가지들과는 다른 가문처럼 보인다

가지색을 삼킨 상처가 옛 글씨로 적어둔 이름표 같다
한 가지에 달렸으면서도
가지각색으로 크고 작고
함부로 휘어지며 자란
저 가지들은
자식이 여럿인 집의 텃밭에서 자랐을 것만 같은데

어디로 가져가던 가지였을까
어쩌다 애절한 이름처럼 떨구고 갔을까

어디쯤에서 빈손을 부비며 혀를 찾을까

잊고 가는 것들이 모두 아픈 것은 아니지만

처음이자 마지막일 가지의 행로에 관여하지 말자고
고개 흔들다가
그예 빈말 하나 얹는다

두고 가지 말지

## 죽은 강아지를 위한 파반느


유리창을 통과한 빛의 굴절을 열고 나타난
무지개라는 눈물의 아류

민낯을 보여주지 않는 희망 따위를 배경으로
쓸쓸하거나 황홀한
저 너 머

저도 나도 다 아는 헛꿈을 읽고 또 읽으며
마음에 담아간 것들로 딴 세상 하나가

세워졌더라는, 세워졌을 거라는,

거기!
터를 잡고 길을 열고
주소를 다시 쓰는 분주한 틈새에
채마밭 한 뼘 일구어
달큰한 배추 줄기를 아작아작 씹을 거라기에

물기 젖은 곳마다 흩뿌려두라고

해묵은 배추씨 한 줌 바람 편에 부친다

날배추 쌈이 놓인 저녁상 앞에 고요가 수북하다

## 잠의 총량을 구하는 공식


누가 창문을 뜯어갔네 라라라
없는 창문 저쪽 집 베란다에 분홍 장미꽃이 활짝 피었네
장미 꽃잎을 일일이 세수시키나
시든 꽃잎 한 장 없이 말끔한 꽃이라니
숨막힐 듯 단정한 저것을 장미라고 부르기 싫어
분홍, 하고 불렀더니
오래전 집 나간 고양이 분홍이가 목을 넘어오네
깜짝 놀라 꿀꺽 삼키다가 마른기침이 터졌는데
눈도 깜빡 않는 저 분홍은
피도 눈물도 없는 신품종이 틀림없을 거야

사라진 창문이 흘리고 간 통로를 따라 돌아오는데
돌아갈 시간을 놓친 별들이었을까
없는 창문 밖에서 다급한 발소리가 들리네
돌아가는 것들은 모두 서두르는구나 귀를 잠그고
잠의 총량을 다시 계산해보는데
계산에 서투른 나는 번번이 다른 답이 나오네

사랑의 정답을 꿈이라고 적었다가 울어버린 날도 있으니

정말이지 나를 어쩌면 좋겠느냐고
얼마나 답답했으면 창문을 뜯어갔겠느냐고
틀리고 틀리는 속셈 연습이나 계속하는데
양에다 양을 더했더니 양떼가 되었는데
다시 계산하니까 불볕이 되었네

이해한다. 다 이해한다.
한결같은 건 늘 거짓말뿐이네

## 눈부신 오류


얼른 자라서 개구리가 되고 싶다는 아이가 있었다
눈 속에 먼바다가 들어있는 이상한 아이였다

석 달 열흘쯤 아이 뒤꽁무니를 따라다니며
저 눈부신 희망의 출처를 캐내고 싶다

개구리는 저 아이 몫으로 두고

잘 익은 수수이삭을 헤집는 밀잠자리나 되었으면
강아지풀 간질이는 아침 햇살이 되거나
찔레꽃 덤불을 오르다가 툭, 떨어져도 좋은 무당벌레나 되었으면

아니, 그렇게 귀하고 아름다운 희망들은 이미 품절일 테니

쓸쓸한 허기가 우걱우걱 뜯어먹는 옥수수나 되었으면
그랬으면

희망은 늘 희망의 자리에 있을 테지만

오래전에는 무엇이라도 되고 싶었다
무엇이라도 될 줄 알았다

아무것도 아니더라
출렁이는 것들은 흘러가더라

## 손가락 수난기

다 녹은 드라이아이스 조각이 손가락에 달라붙었다
찜기의 뜨거운 김이 손등을 물어뜯었다
부엌칼로 모닝빵을 자르다가 손가락을 베었다

검지 첫마디에 덜 익은 딸기가 매달렸다
오늘은 내 손가락이 닿는 것들에게 딸깃물이 들겠다
손가락은 딸기향을 퍼뜨리며 책을 펼치고 달을 찌르고
목덜미에 앉은 욕지거리에 밑줄을 긋겠다
놀란 검지는 저 혼자 훌쩍이겠다

불을 다스리는 건 물뿐이라고 얼음 조각이 달라붙는다
머릿속까지 들쑤시는 이것은 불의 말인가 얼음의 말인가

지금부터 딸기색 아침을 받아적겠다
맨 끝 문장을 적요했다고 쓰겠다

너를 알아듣지 못했던 것은
물불 가리지 않던 초록 탓이라고 쓰겠다

물과 불이 본디 한 몸이었다는 건 세상이 다 안다

## 무늬오징어

파도의 틈새를 파고들 만큼 납작하지도 못하면서
시늉뿐인 등뼈 하나를 한사코 뼈대라고 우기며
얼마나 심한 풍랑이었으면
죽음을 내건 불빛 쪽으로 물길을 잡았을까 그러나
파도는 산에도 들에도 마음에도 지천이어서

어디로 떠돌아도 이보다야 낫지 않겠느냐고
부엌 시렁에 올려둔 보리밥 광주리를 몇 번이고 일러주며
소쿠리 장사를 나서는 등 뒤에서
마른울음이나 삼키던 그 새벽
오늘은 신발 사 가지고 일찍 오마,
그 약속 지금도 물미역 줄기처럼 일렁이는데

허락받은 먹물 하나로 버티고 견디다가
파도를 피해 갈 만큼 팔다리 길어진 나를 보고서야
세상에서 묻은 얼룩이 다 지워진 순정한 몸으로 떠난다는데
하늘도 많이 미안했던지
때늦은 햇살을 보냈지만

햇살쯤으로는 씻어낼 수 없는 소금기로
속울음 버석이는

바짝 마른 몸뚱이를 손바닥으로 쓸어보며
나는 왜 자꾸 저녁이나 탓하는지

# 사랑니가 있었다


살 속에, 뼈 속에, 이빨이 박혀있다고
틀림없이 내 것이라는 물증이 확실하다는데

내가 나를 속속들이 알지 못했던 것은
무슨 죄목에 해당할까
스멀스멀 번지는 안개에 말문이 콱 막힌 채
알지 못했으므로 발설할 것도 없는
가뭄이나 꿀꺽이는데

평생을 끼고 살았던 사랑처럼 낯설어서
텃밭 고랑 속으로 잦아들던
성근 머리카락이나 호명하면서
멀리서 웅웅거리는 소리를 감아쥔다

진작에 알았다면
사랑니는 이미 뿌리만 남았을지도 모른다
들큼한 복숭아 살점을 베어 물 듯
설익은 것들에게 이빨을 박거나
바람을 물어뜯다가 헛발을 디뎌 엎어졌을지도 모른다

부러지는 거 순식간이다

사랑니쯤이냐고 웃지 마라
여까지 와서 이빨 두 개를 찾았다

한동안 더 으르렁거려도 되겠다

## 멀어서 아름다운 것들이 있다*

그립지도 않은데 궁금한 것이 있다.
가령, 종적을 알 수 없는 첫사랑의 현재 따위가 그렇다.
궁금한 것을 수소문하는 것이 죄가 되지는 않을 거야.
내가 나를 끄덕이며 이리저리 금을 긋다가

거기 있다더라에 닿았다.

왜 찾는데? 그냥 궁금해서. 나만 그럴까?
받아서 버릴 사은품 같은 웃음을 얹어둔다.
찾지 말라는데, 기소중지 중이라는데, 기소중지가 뭐야?

그럴 수도 있겠지, 참 착했었는데,

  과거형의 문장은 독약처럼 써도 흐릿하다며?
  그럴 리가! 지나간 것들은 상상을 먹고 자라기도 한다던데
  어쩌면 아리거나 눈부시지 않을까?
  너는 아니야? 말끔히 지워졌다고? 기억을 조작하는구나.
  그래 뭐 그럴 수도 있겠지.

누군가 나를 소환한다면 큰일이네.
세수라도 해야겠네
무슨 겨울이 이렇게 더워?

멀어서 아름다운 것들이 있다니까.

* 박미라 시 「만리포 연가」 중에서.

## 엄마한테 이를 거야

보자기를 매달면서 한사코 깃발이라고 우기네
호랑이 담배 피우던 저녁에 '이것은 소리 없는 아우성'*이라고
그이가 정의했다니까.

봐, 매듭 많은 보자기를 풀면 연대별로 쌓아둔 내가 그득해
엉킨 실타래 끝을 찾으며 하룻밤을 새울 수도 있지
물론 보자기도 깃발도 팽팽히 당기면 찢어지겠지
그때 깃발에서 쏟아지는 것들을 알아볼 수 있을까?
침을 퉤 뱉고 멀어지는 바람이거나 실뱀처럼 사라지는 햇살 같은 거?
길을 잘못 들어 허공을 팽그르르 도는 꽃잎 같은 거?
그래 그것들이 아름답거나 눈물겹기도 하겠지
그런데 그것들이 너였다고 어떻게 설명할 수 있지?
그러니까 자꾸 나이를 깃발이라고 펄럭이지 마
빚보증 문서처럼 접어둔 첫사랑과 언제 부러졌는지도 모르는 작은 어금니
마침내 꽃 필 거라고 우기던 생강나무 가지 하나 따위가

뒤죽박죽이라고 혀를 차겠지만
자꾸 들여다보면 그것들의 질서가 보인다니까


생각만 해도 온몸 달아오르는 엄마한테로 뛰어갈 거야
가서 다 이를 거야
깃발처럼 펄럭이는 나이를 앞세우고 찾아온다고
엄마 나이를 자꾸 내 나이라고 우긴다고
아무도 안 볼 때면 나도 보자기를 공중에 매달아본다고
사실대로 고백하고 잠깐 울 거야
깃발 펄럭여봐야 다 소용없다고 징징거릴 거야
엄마한테 이를 거야




* 유치환 「깃발」에서

# 생일 혹은 데자뷰

여러 번째의 오늘이다

허물을 벗고 죽은 뱀처럼 정직한 척
진술만으로 완성할 수 있는 글을 길게 길게 쓰다가
출처를 알 수 없는 미역국 냄새에 화들짝 놀란다

맨땅을 헛짚은 손이 당신의 이파리였다고

마른 정강이를 물어뜯고 시침 뚝 떼는
저것이 설마 가계도의 첫 장은 아닐 테지만
해가 질 때까지 같은 말을 되풀이하다가
제풀에 지쳐 눕는 그 짓을 거듭하면서

죽은 나무처럼, 죽어가는 나무처럼,

어디에도 깃들지 못하는 깃털 빠진 새의 몸으로
여러 번째의 하루를 밀고 간다

눈부시거나 끈질기다

3부

# 별을 위로하는 까닭


별의 반짝임 속에는 수소와 헬륨이 가득하다는데

본질과는 상관 없이 의미 부여를 즐기는 인간들이
별의 스펙트럼을 훔쳐 그리움 따위를 만들어냈는데
저를 바라보다가 푹 고꾸라지는 목숨의 저녁이거나
별이 될 때까지를 기약하는 푸른 손가락도
별과는 아무 상관 없고
너 때문에 반짝이는 것들을 미워하게 되었다는 억지가
은하수처럼 흐르더라는 옛날이야기이거나
까닭 없이 휘갈기는 그렁그렁도 물끄러미 바라보면서

별은 다만 반짝인다

아주 가끔 지는 꽃잎처럼 화르르 쏟아지기도 하는 것은
별들에게도 견딜 수 없는 것이 있다는 것인데

마음을 감춰둘 마땅한 장소를 모르는 사람들은
찬란하거나 찬란하다고 믿고 싶은 무책임을 별에게 떠넘긴다

왜곡된 본질에 눈멀었을 때
별빛보다 찬란한 것이 있다고 믿던 그때
울음을 삼킬 줄도 모르면서
나는 내가 별이라고 믿었다

# 그리운 사막

아무 일도 안 하고 아무 일도 없었던 날이다

틈틈이 물을 마시면서 백락일고伯樂一顧*를 찾아 헤맸다
그는 여러 군데에 주소를 두고 있었으므로 좀처럼 만날 수 없었다
그저 잊지나 말자고 문패를 기웃거리다가 그가 글자 감옥에 갇혔다는 풍문을 들었다

몇 생을 거듭 살아야 그가 갇힌 글자 감옥의 문을 열 수 있을지 헤아리다가
별 돋는 하늘이나 찾아가기로 했는데

별들이 모두 사막으로 몰려가더라는 풍문에 걸려 주저앉는다
이빨 빠진 돌다리를 건너듯 홀려들은 풍문을 따라 다시 걷는다

붉은 여우가 산다는 거기, 별들이 함빡 몰려가더라는 거기,

머리를 풀어헤친 바람이 모래 속 사람들의 팔다리를 꺼내고 다시 파묻는다는 거기

얼치기 건달 같은 바람이 풍문을 조작하더라는 풍문 따위에 넘어가지 않으려고

붉은 여우의 후생이라는 나를 사막 쪽으로 눕힌다

---

* '백락이 한 번 돌아다본다'는 뜻으로, 그 분야의 뛰어난 사람에게 인정받음을 의미.

## 죽음의 풍경을 힐끗 바라보다


어린 목백합나무 가지 하나가 부러져 덜렁거린다
찢어진 껍질에 눈물처럼 솟아있는 진액이
목숨의 끝자리일 텐데

이미 도착한 죽음이 노랗게 번져서
초록의 배경이 되었다

제 몫의 가을을 당겨쓰는 중이라고 우기고 싶지만
저것은 바람이 저지른 뜻밖의 횡포이거나
스스로 뛰어내린 목숨의 무작정일지도 모른다

바람이 한 번 더 몰아치거나
어떤 손이 휙 낚아챈다면
제게서 떠난 가지의 상처를 옭아매며
나무는 여전히 우거질 텐데

쓸데없이, 풍경의 완성이나 생각하면서

까치발을 디뎌도 닿지 않을 높이에서

이제 그만 다 놓친 몸을 떠나려는 팔 하나를
힐끗 바라본다

나보다 더 무심한 바람이 킬킬킬 지나간다

# 토굴새우젓을 사러 가시면

저것을 기다리는 불이라고 불러도 될까?

제 몸을 열어 토굴을 허락한 저 석탄 덩어리는
나 같은 건 짐작도 못 할 만큼 커다란 불덩어리였다가
지금은 기다리는 불이 되어 새우젓독을 품어 서늘한데

새우젓은 새우젓대로
어느 물결에 노닐다가 여기까지 왔을까
멀리 온 것들끼리 기대고 품고
다 안다는 듯 아무 말 없이, 아무 말 없이!

곰삭은 것이 살점뿐이랴마는
여전히 감지 못한 새우젓의 눈동자는
저도 모르게 스친 석탄의 입김인 듯도 하고
슬쩍 문지르면 검은 눈물 주르르 흘리는 저것은
옛날에 옛날에는
갈기 시퍼렇던 산맥의 정령들이었을 텐데
바다가 파도를 일으키며 달려가는 버릇도
저 나무들에게서 배웠을 것도 같아서

새우젓들은
저 캄캄한 벽을 아비의 아비보다 더 먼 아비의 시절에
함께 드잡이하던 이웃인 듯만 해서
마음 놓고 천천히 곰삭는 것일지도 모른다

익숙하다는 것은 얼마나 지독한 기억인가
바다의 짠내를 향한 흠모와
다지고 다진 푸른 본성이 함께
곰삭아가는

토굴새우젓을 사러 가시거든
바다와 산맥이 함께 부려놓은 시간을 곰곰 살필 일이다

## 자두의 변용


'자두 자두 졸리면 자두 드세요'

껍질 날근날근한 저 붉은 열매가 건네는 것은

농담이라기엔 지나치게 붉고

진담이라기엔 툭 터질 듯 불안한데

그렇게 그리우면 달려가자던 마음을 앞세워

무작정 나선 길 위에서

가도 가도 멀어지는 이름에게

저 자두 무더기를 통째로 보내고 싶네

가도 가도 안 보여도 가면 된다고

빨갛게 농익은 인사를 공손히 받쳐들고

고속도로 휴게소 마당에서 저 혼자 까르르 웃는 자두
가 있더라

# 새


창문을 물어뜯는 겨울바람을 문밖에 세워두고
얼음냉수를 마시며
바람을 가르고 날아가는 새를 배웅한다

새는 날아가다가 멈출 곳이 있을 테고
어딘가에서 잠들겠지만
돌아갈 곳이 없는 기억처럼
언 발을 번갈아 깃털 속에 묻으며
아침 쪽으로 고개 두고 울지도 모르지만

새의 이름이야 아무러면 어떠랴

바람을 꼭꼭 다져넣은 텅빈 뼈로
목숨을 지고 가는 저 새는
털옷 한 벌의 위로에 기대어 생을 건너는데

얼음냉수쯤으로 겨울과 겨루며
뼛속에 바람드는 병을
어르고 달래고 감추는 중이다

죄라고 부르는 것들이 모두 대단한 것들은 아니다

## 어지간하다


두 다리에 모래주머니를 매달고 걷는다
덜어낼 것이 많은 몸으로는
숨을 곳도 없고 도망칠 곳도 없다고
비 오듯 쏟아지는 땀을 닦으며
몸이 우는구나, 남의 일처럼 짚어보는데

사라진 눈물의 행로야 뻔한 것이어서

너 없이 사는 날들도 괜찮았다고
빵 반죽처럼 숙성되는 거짓말을 웃는데

복숭아뼈에 주사기를 쿡, 찔러 물을 뽑아내며
이러고 살았느냐고 혀를 끌끌 찬다

내 몸에 소沼를 이루고 나를 버티는 것들이
모두 길을 잃은 것들이기야 하랴만
몸을 덜어 몸 밖으로 내보내면서도

덜어낸다는 것은 버린다는 것과 같은 말이어서

나는, 쓸쓸하지도 않다

슬픔도 어지간하다

## 밥에 대한 예의


-개가 있었다. 밥에 든 김치쪽을 귀신같이 골라내던 개였다. 이름은 생각나지 않는다. 나는 기억하고 싶은 것만 기억하게 리셋되었으므로 개에게 미안하지는 않다.-

쭈그러진 양은 세숫대야의 가운데가 말끔하다
개가 아침저녁 혓바닥으로 핥아 닦아둔 밥그릇이다

먼 데서 온 엄마가 신발도 벗기 전에 개밥그릇을 집어 든다
혀를 끌끌 차며 박박 닦는다
개는 제 밥그릇에 쏟아지는 물줄기를 향해 죽을 듯 짖어댄다
초보 도굴꾼의 손에서 건네받은 부장품 같던 개밥그릇에
나팔꽃 줄기가 흔들린다 뭉게구름이 다녀간다

엄마가 저녁 먹을 김칫국에 밥을 말아 간을 본다
음식이 간이 맞아야지, 나도 안다

저 개, 저런 개새끼,

김치 건더기 하나 안 남기고 말끔히 먹어치운다

엄마가 개새끼 모르게 눈을 흘긴다
하, 설거짓거리가 늘었다

목숨을 모시고 사는 일은 다 고단하다

# 낯선 여자

자작나무 숲에 가야겠다고
허물 벗는 갈비뼈를 보러 가야겠다고
자작자작 끓는 여자

눈이 오시기에는 아직 멀지만
지금이라도 찾아가
평생토록 너를 껴입는 나를 거기 세워두고

불현듯 소리가 지워지는 세상이
모두 자작나무 탓이라고
발등에 수북한 껍질이나 그러모아보다가

되짚어 돌아오는 길의 어디쯤에
마음을 부려두어도
쉽게 눈에 띄지 않겠지만

기다리기에는 너무 먼 눈 오는 날
지금이라도 거기 가겠느냐고
나를 다그치는

마른 나뭇잎 냄새 덕지덕지 묻은 손으로
모자를 고쳐 쓰는 낯선 여자

## 칼의 자전自轉

저이는 몇 개의 칼을 삼킨 것일까?

한 정거장에 한 명씩 죽어 나간다
엉덩이를 내 쪽으로 둔 저이의 입에서

섣달 그믐밤처럼 이빨 시린 칼이 튀고,
타오르지도 못하고 저 혼자 푸푸거리는 불꽃 지글거린다

입을 찢고, 손모가지를 비틀고, 다리몽댕이를 분지른다.

꾸역꾸역 밀고 들어오는 살해의 목록으로
내 귀에서 기어이 피가 났다

밥밖에 모르는 그 인간 때문에 서둘러 내리는
꽃무늬 티셔츠의 만화방창이 너무 환해서

나는 불현듯 슬퍼졌다

하필이면, 마냥 제자리인 순환선 열차이다

# 풍경을 바라보는 자세


밥을 먹으면 기운을 차리는 정직한 몸을 데리고
술에 취할 때만 사랑을 꽃으로 읽는 눈을 질끈 감고
물어뜯던 손톱을 노을에 문지른다

나는 얼마나 껍질 두꺼운 나무인가

식물도감에도 오르지 못했으니
본적을 말할 수도 없는
가난한 숲의 의붓자식이었던 늦가을을
나, 라고 고쳐 읽어도
꽃 피지 않는 계절이다
생가지 뚝뚝 분지르는 노여움이다

돌 던지는 이도 없는 창문에 걸터앉은 바람이
기침 자지러지듯 나뒹군다
이러니, 나를 너라고 적었다고 누가 나무라겠는가

글줄이나 읽다가 늙은 눈에서
고향집 감나무의 해거리나 꺼낸다

## 어머님 전 상서

  등산로 한쪽 나무의자를 갈참나무 이파리에게 내어주고 갓길로 비켜 앉았습니다
  바닥에는 이미 마른 이파리 수북하여 향기롭고 따듯합니다
  나무는 내가 땅바닥에 앉을 것을 짐작하고 있었나봅니다

  늦가을 이파리들이 저물녘의 의자에 잠깐 앉아보는 것은 나무가 제 속살을 한 번 더 쓰다듬어보는 것일지도 모릅니다

  나무의 속내야 짐작할 수 없지만
  나는 다만 이별을 정물처럼 앉혀두고 싶었습니다
  산길도 한참을 조용했고 아무도 지나가지 않았습니다
  아직 떨구지 못한 이파리를 매단 나무들끼리 수런수런 알 수 없는 소리를 섞고 있습니다

  한동안 그저 앉아있었습니다

  깔고 앉은 낙엽이 축축해졌습니다

손에 쥐면 바스러지던 마른 잎이었는데 아직 물기 남아 있었군요
돌아갈 준비가 이리도 오래고 거룩한 것이었군요

마른 숲에서 왜 밥물 넘치는 냄새가 날까요?

## 빈손


  칠산 앞바다 파시를 옮겨온 듯 바글거리는 과일집 문전에서

  동태 있슈? 동태 있냐구?
  할매 하나 목소리를 돋운다
  그러거나 말거나 붉게 익은 것들을 줄 세우면서
  읎슈, 핏줄 시퍼런 목덜미가 깨진 놋그릇을 내던지는데

  과일집에 와서
  동태를 찾는 할매 얼굴을 우러르며

  저 할매 혹, 동태를 팔던 과일집의 과거에서 왔거나
  동태가 열리는 나무를 알고 있는 것은 아닐까
  그렇다면 지금이 딱! 동태철이라는 것일 텐데

  두 집 건너 어물전에는 장작을 사칭하는 동태가 모로 누워있고
  눈자위 퀭한 북어는 공중제비를 도는데

낮달처럼 얼굴 허연 할매 빈손으로 돌아간다
가을도 겨울도 아닌 틈새로 허청허청 간다

# 그러니까 언니

엄마를 그려줘

꽃잎 다 떨어진 분꽃을 왜 그려? 덜 여문 분꽃씨를 왜 그리느냐고. 그러니까 언니, 새털구름 가득한 하늘을 그려줘. 후르르 떨어지는 봉숭아 꽃잎을 그려줘, 기침 쿨럭이는 마른 옥수숫대를 그려줘. 콩 포기 사이로 바람 드나드는 오월을 그려줘. 그러니까 언니, 엄마를 그려줘.

아니, 그건 언니잖아,

안 되겠어? 그럼 집안 어딘가에서 바라보고 있을 집유령거미나 한 마리 그려줘. 그러니까 언니, 엄마를 그려줘

4부

## 트집 잡기*


무지개를 베겠다고 잡은 칼은 아니지만

사랑이 지나가는 방식으로
껍질을 파고드는 찰나,
꽃이 벙그는 순간처럼, 목숨이 눈 뜨는 순간처럼.
생살을 긋고 지나가는 흔적을 따라
주르르 핏물 흐르겠다
마침내 마지막 한 방울 떨어질 때까지
온몸을 짜내는, 울음도 없는 상처의 황홀이
네게로 닿겠다

살구꽃 속눈썹으로 만든 수채화 붓인 듯
살점 건드리지 않고도
나를 열고 속살을 엿보는 방식을
차마, 상처라고 부르겠는가

곰곰 벌어진 몸을 여미며
잠깐씩 너를 앓다가
다시, 애면글면 거둬들인 진액으로

맨살을 싸매며

백 년을 작정하고
거듭 남겠다

* 트집 잡기: 옻나무 진액을 채취하기 위해 껍질을 벗겨내는 작업을 이른다.

# 다 녹을 텐데 뭐


첫눈이 폭설로 변했다는데

첫눈처럼 펑펑 울어보고 싶은데
아무리 뒤적여도 눈물의 발화점을 찾을 수 없다
바람을 만지고, 눈발을 헤집으며, 그렇게 우는 것은
너무 여러 번 다녀온 간이역을 돌아보는 것만 같아서
겪을 만큼 겪은 것들을 더는 불러내기 싫다

눈 속의 화석으로 남았을 이름을 불러낸들
내 입김쯤으로 어림없을 텐데

폭설을 헤집고 얼어붙은 길에 나선다면
넘어져 상처에 상처를 더하면서
젖배 곯은 아이처럼 서러울지도 모르지
그렇지만,
봐! 벌써 쌓인 눈이 녹는다는데
저 질척이는 눈길을 걷느니
얼음 위를 걷는 게 낫지 않을까
넘어지면 또 한 번 뒹굴고

누가 보거나 말거나 큭큭 웃으며 일어나면
나는, 칼 없는 전사가 되어있을 텐데

풋감처럼 떫은 기록을 찾아들고
그래, 나 지금 펑펑 울고 싶다고
첫눈도 퍼붓는데

## 꼬리가 긴 표절에게


'붉다'가 모두 같은 명도와 채도를 가진 것은 아니다

붉은 장미꽃과 빨간 제라늄꽃이
먼 피붙이들이거나 애터지는 연인들일지도 모른다는
시답잖은 억지를 펼치고도 싶지만
장미꽃 한 송이를 제라늄꽃 속에 슬쩍 끼워 넣는 것은
멀쩡한 대낮에 복면을 쓰고 활보하는 도둑질과 같아서
놀란 황소처럼 눈자위 허옇게 홉뜨고 발을 구르고도 싶지만

꺾인 꽃은 금방 시들며 유언처럼 신분을 자백하리라

도둑맞은 자의 눈이 저녁 메아리처럼 그렁그렁한 것은
영문도 모른 채 난장에 던져진 제 살점을
차마, 외면해야 할 때가 있기 때문이다
느닷없이 떨어져 나간 살점 때문에
수습할 수 없이 캄캄해지는 저녁과
맞닥뜨려봤으니까 하는 말이다
귀신도 모르게 뒤통수를 얻어터져봤으니까 하는 말이다

복면을 쓰고서야 신출귀몰하는
저들의 오염된 성채가 스스로 무너지는 순간에
얼마나 큰 굉음이 울릴지 불 보듯 뻔하니까 하는 말이다

# 수족냉증 2

발바닥에서 찬바람이 쏟아진다
헐렁거리는 신발을 질질 끌기는 했지만
내가 헤맨 골목을 다 적지는 않겠지만

날아오는 돌팔매를 피하지도 않는 늙은 개처럼
느릿느릿 걸었는데
이쪽저쪽을 흘끔거린 것도 아닌데

발바닥에서 발등을 타고 정강이를 거슬러 올라
무릎까지 도착한
찬바람이 다 쏟아지기까지는
아침을 기다리는 일용직의 새벽처럼
초조하거나 간절한 손길을
읍소의 형식으로 건넬 뿐이다

빗장뼈 사이로 파고드는 바람에게
속수무책으로 당할까봐
꿈속을 힐끗거리는 나를 다독이며
뜬눈으로 버틴다

발바닥을 쉰 밥그릇처럼 밀어두고
너도 없고 무지개도 없는 여기를 무작정 움켜쥔다

## 빗방울 화석

  나는 언제 귀신이 되었을까

  남쪽 어느 산기슭에서 한 글자 한 획도 지워지지 않은 기록을 찾았는데

  귀신만 모르고 다 안다는 우리를 새겨두기에
눈물보다 더한 것이 있겠느냐고
오죽하면 저 돌이 일억 년을 품고 있으면서도
털끝 하나 건드리지 못했겠느냐고
낯익은 발자국 마음에 분분하여
그런가 정말 그런가

  일억 년쯤 금방이라던 거짓말을 믿으며

  귀가 퇴화된 뱀처럼 입술만 달싹이면서

  돌을 두드려 너를 깨우기보다
나를 두드려 너를 꺼내버리기가 수월하겠다고
제 발등이나 바라보며 흘러가는 빗물의 행로가

자꾸만 그립기도 하지만

적어둔 것들을 지우는 저녁이 그리 쉽게 오겠는지
물어볼 곳이 없다

# 강낭콩 아류

크기와 색깔이 제각각인 강낭콩을 본다
그렇다고 내가 모든 강낭콩을 다 본 것은 아닐 테지만

연둣빛 덩굴손을 뻗어 무어라도 휘감는 걸 보면
외로움을 타는 목숨이 여기도 있었구나 뭉클하고
양귀비꽃보다 깊은 빨강을 여며둔 걸 보면
때 묻은 잿빛 가슴이 민망하기도 한데

고르고 고른 알약 한 주먹을 삼킨 아침

이것들은 상한 목숨의 어느 줄기에 닿아
시든 이파리를 쓰다듬어 보내고
벌레 먹은 곳을 다독일 것인가

누누이 이르지만, 몸이여!

싹을 틔우자는 것이 아니다
시든 줄기에서 꽃을 보자는 뻔뻔한 수작도 아니다
다만, 정갈하게 모시겠다는 읍소다

덜 여문 강낭콩이 후드득 떨어지고
줄기 바짝 마른 후에라도
강낭콩은 강낭콩이다

## 두릅

 들리지도 않는 비명을 온몸으로 내뱉으며 정수리로 밀어 올린 새순에 달이고 달인 속살의 향내를 담아두었더라

 저 참혹을 그냥 지나칠 수 없는 것은 온몸에 가시가 돋는 병증을 앓아본 목숨끼리의 암묵적 동의이다

 애써 밀어 올린 새순을 따주지 않으면 다음 해에 가지를 치지 않는다는 옛말을 믿고 싶어서 가시 사이로 손을 뻗는데 새빨간 욕지거리가 꽃잎처럼 맺힌다

 백 번쯤 망설이고 천 번쯤 준비했을 초록을 꺾은 자리에 치유의 맑은 피가 끈적끈적 흐르고 바람도 없는데 푸르르 몸을 털며 정신을 차릴 것도 같지만

 억세지는 것이 아니고 단단해지는 것이라고 고개 끄덕이고 싶어서

 두릅나무 가시를 못 본 척하시는 너른 품에 적어둔 것들의 이름을 살펴보고 싶어서

거기 맨 끝자리에 흐리게 적힌 낯익은 이름이 있나 싶어서

내 몸의 가시를 들추고 두릅을 쟁이는 봄날이다

## 바다를 다 이해할 필요는 없지만


집어던지고 걷어차고 뜬금없는 것들을 퍼붓고
돌아서는 등짝 뒤에서

그쯤으로 내가 시퍼렇게 질렸겠느냐고
내 피가 짜디짠 것이
그깟 넋두리 때문이겠느냐고

쏟아낼 것이 사람에게만 있는 줄 아느냐고
침을 질질 흘리며 배추밭을 지나가는 민달팽이나
물었다 놓친 개구리 뒤에서 속수무책인 왜가리나
걸핏하면 핏줄 튀어나오는 이마빡이거나

다 거기서 거기지

도대체 무얼 믿고 내게다 다 쏟아붓고 가느냐고
집채만 한 파도가 불끈불끈 일어선다

그러니 오죽했겠느냐고
눈 감아줄 만도 한데

알고 보면 바다라는 짐승도 소갈머리가 밴댕이 같아서

봐, 저것 봐, 금방 시뻘개져서 덤벼든다
하루를 못 참는다

다 거기서 거기다

## 느릅나무 삶아 먹기


펄펄 끓는 물 속에서
작은 카약처럼 자맥질을 하는 느릅나무 껍질에서
천천히, 붉은 피가 우러난다

저 순정한 핏물을 어디선가 본 듯한데

느릅나무와 내 피가 같은 색깔이었다니
더듬어 더듬어 올라가면
나와 느릅나무가 한 몸이었던 때가 있을 것도 같지 않은가
공연히 마음 수런거리고
갈 곳도 없이 꼼지락거리는 발가락을 무던히 주무르던
연록의 이파리들에 가슴 뭉클해지던
그 많은 봄이 내가 팔 벌리고 껴안던 바람 때문이었다는 것을

이제 알겠다

저 맑은 핏물을 마시고! 그래, 비릿하고 들큼하고

한없이 맑고 유순한 저 핏물을 마시고!
나는 다시 순정해질 수 있을까
내 몸속 어딘가에 고여 나갈 줄 모르고 고여있다는
가여운 물길이 열릴 수 있을까


느릅나무는 제 피를 덜어 나를 정화시킬 것인가


그렇지만 너무 무례한 도둑질인 것만 같아서
비위가 상한다고 아무래도 못 마시겠다고


맑고 붉은 나를 저만큼 밀어낸다

## 사막을 견디는 방법


붉은 여우도 소식 캄캄하고
발자국은 찍기도 전에 지워진다는 사막

그리움이란 까닭이 있어서 태어나는 것은 아닐 테지만

그렇게 멀리서
제가 내게 아무 소식 없는데
애면글면 목을 빼고 내다볼 까닭이 없다

눈앞에 두고도 지척이 천리인 너도 있는데

신두리 사구에 갯메꽃 피었더라는 소식에
까닭 없이 심사가 뒤틀린다

죽은 줄 알았지만, 죽은 척하지만,
꽃도 피고
갈기 휘날리는 갯바람에게 수작도 건네고
간간이 기침도 터뜨린다기에

처음부터 사막을 믿는 게 아니었다고
별자리 지도를 접으며 일어선다

발목 푹푹 빠지는 사구를 건너가는 일이라니!

# 시월 일정표


감나무와 돌담이 끌어안고 살던 마을이 그림처럼 환한데
그림 속에 등장하는 얼굴들은 모두 눈 코 입이 없다
말 붙일 곳도 발 붙일 곳도 없는 다정이 헛손질을 한다

한 마리뿐인 토끼장 속 토끼에게 시뻘건 쇳물을 퍼붓던 노을을 그만 용서하겠다

대낮에도 꺼지지 않는 가로등을 모른 척 지나치겠다
끄고 끄고 또 꺼도 꺼지지 않는 낮달을 생각 없이 바라보겠다
꾸역꾸역 밀려오는 단풍을 나무라지 않겠다

어쩔 수 없이 쏟아지는 것들이 측은해지는 마음에 빗장을 지르겠다

어쩌자고 한사코 붉은지 묻지 않겠다
넓고 깊고 먼 하늘을 오래 바라보지 않겠다

스스로 차가워진 햇살 두어 필 끊어서

아무 말도 적지 않고 접어두겠다
아무리 시월이어도 간절을 기르지 않겠다

마음이 발 붙일 곳 없는 이 일정표를 고쳐 쓰지 않겠다

## 화양연화

물오른 것들의 소식이 밀려온다
꽃은 또 무엇하러 피느냐고 어깃장을 놓아도 보지만
봄이어서 어쩔 수 없이 핀다고
무심한 척 툭툭 터지거나 작정한 듯 우르르 피는데
그게 또 한결같이 곱디고와서

이름을 밝히기 싫은 봄꽃 모가지를 똑, 따 들고 걷다가
어디서 흘렸는지 까마득하다
그 꽃은 떨어진 곳에서 나머지를 마저 피고 죽어갔을지
꽃을 좋아하는 어떤 바람이 쓸어 갔을지는 모르지만

바람은 어디쯤에서 꽃 모가지를 퉤, 뱉어버렸거나
모둠발로 경중거리며
너는 어디서 왔는지 정말 생각나지 않느냐고
뻔한 걸 묻다가 휙 돌아섰을지도 모른다

 한철을 눈부시다 저무는 것들에게 너무 많은 희망을 걸지 말자고

헛맹세 분분한 봄 햇살 아래에서 눈물도 꽃처럼 환하다

## 지워지는 것들

  내소사 전나무 숲을 뵈러 가야겠다
  저 눈발을 무릅쓰고 찾아갈 곳이 있다고 나를 속이며 나서야겠다

  가뭇없는 폭설 아래 지난 생에서 보내는 전갈을 받아 모시는 전나무숲에 들어 어쩌면 다시는 만날 수 없는 이름이 눈처럼 쏟아졌다고 일러바쳐야겠다.

  곡비를 자청하는 바람이 까닭 없이 머리채를 끌어당기더라고, 어쩔 수 없어 같이 울겠다는 헛맹세를 꺼내 보이며 도망쳤다고 고해야겠다.

  지워지는 것이 사라지는 것은 아니라는 전나무 숲의 말씀이 계셨다
  연로하신 전나무 한 분께옵서 팔 하나를 뚝 분질러 던져 주시며 지도 삼아 가져가라 하시니, 울음을 뚝 그치고

  지금 어딘가에서 내가 모르는 사랑 하나 지워지는 중일 거라고

눈이 그치기 전에 바람 잦아들기 전에
모르는 손에게 귀때기 맞아가며 정신 차리며

아직 떠나지 않은 길을 되짚어 돌아가야겠다

그래 안다 눈이 와도 눈이 그쳐도 어디에 도착해도

------, 없다.

**해설**

# 거짓말, 그 지독한 연민에 대한 보고서

### 신상조
문학평론가

  시는 쓰는 게 아니라 온다. 그러나 시가 어디서 오는가를 정의 내리는 일은 어렵다. "내 속에는, 많은 이들이 그렇게 적은 것처럼, 많은 타인들이 들어 있다. 그 타인들이 나의 얼굴을 만들고 있다. 나의 얼굴은 타인의 얼굴이다. 그 얼굴이 끔찍하지 않기를 바란다."라고 한 허수경 시인의 말에 귀 기울인다면, 박미라의 시가 출발하는 지점을 생각해보는 데 조금은 도움이 될 것 같다. 먼저 간 시인의 글을 인용한 어느 시인은 다시 이렇게 쓴다. "그 타인들이 나를 만들고, 그들의 고통이 나를 울리고, 그들의 얼굴이 나의 얼굴이 됨으로써 나는 시의 공간에 들어선다. 나의 시는 그 고통이 공명하는 자리가 되어야 한다."[1]

이들의 고백처럼, 박미라의 시는 타인의 얼굴이고 그들의 고통에 공명하는 자리로 기능한다. 이는 타인에 대한 시인의 이해가 자기가 속해 있는 시간과 공간에 대한 이해이자 시대의 존재 양식에 대한 통찰이라는 짐작을 불러온다. 함께 읽어볼 「얼굴」은 타인의 '얼굴'을 비롯한 그들의 삶과 공명한 자기 '얼굴'에 대한 은폐이자 비은폐, 부정과 수용 사이의 갈등이 주목되는 시다.


돌다리를 놓으려던 손이 있었는지 군데군데 허방이 있고 출처도 색깔도 알 수 없는 물감이 점점이 떨어져있다 꽃잎이라고 우기고도 싶지만 잘못 엎지른 들큼한 것들처럼 끈적인다

누가 다녀갔을까? 설핏 스치는 꽃냄새에 잠깐 어지럽다 사라지지 않는 향기라니, 어떻게 향기를 가둬둘 수 있었는지 갸웃대다가 뿌리도 없이 살아남은 무리들을 찾았다 꽃이 아니고도 향기로운 것들이 저렇게 많구나 잠깐 미안해진다. 그렇지만 오래된 것들이 풍기는 냄새에는 설명할 수 없는 지독한 기록이 들어있다.

내가 자꾸 고개를 흔드는 것은 그것들의 냄새를 덜어내려는 속임수여서 가끔은 내가 먼저 속기도 한다.

---

[1] 노태맹의 『푼크툼의 순간들』.

낮달이 휘영청 밝은 한나절처럼 쓸데없는 술수를 터득하는 중이다

결국 다 들키고 말겠지만 부디 못 본 척 지나가기를.
바짝 마른 개울둑에 개망초꽃 듬성듬성 남았다

큰물이 빈번하기는 했다
―「얼굴」 전문


 이 작품은 연 구분이 있는 산문시로, 하나의 주제를 바탕으로 미묘한 정서나 사건의 변화, 시공간의 흐름을 담기에 좋은 형태를 하고 있다. 표면적으로 화자는 "군데군데 허방이 있"는 "큰물이 빈번"했던 개울가를 지나고 있다. 돌다리를 놓으려던 흔적이 남아 있고 물 위에 꽃잎과 수초가 엉킨 부유물들이 다소 지저분하게 떠 있는 개울은, 시인만의 독특한 시적 감수성을 통해 자연 그 자체로 머무르지 않는다. 자연은 '얼굴'이라는 제목과 절묘하게 결합함으로써 시인의 상상력과 인식 과정이 형상화된 내면적 풍경으로 탄생한다. 풍경은 타인의 '얼굴'이자 타인에 의해 금가고 흔들리는 화자의 '내면' 혹은 타인이 만든 그의 '얼굴'이다.
 앞서 살펴볼 것은 겉과 속이 다른 풍경의 괴리다. 대상을 '꽃잎'이라 우기고 싶은 화자의 마음과 달리, 그의 시선에 그것들은 "잘못 엎지른 들큼한 것들처럼 끈적"이는

이미지다. 풍경은 아름답기는커녕 불완전하고 손상된, 불쾌한 모습을 하고 있다. 대상의 추한 모습이 자기나 타자의 진정한 '얼굴'이라면 부정하거나 외면하고 싶은 게 당연하다. 그러나 풍경의 바깥이 그러하다면 그 이면에는 "오래된 것들이 풍기는 냄새"라고 할 "지독한 기록이 들어있"다. 오래된 것들의 냄새란, 시간의 흐름 속에 각인된 고통과 상처의 흔적이 존재의 본질적 "향기"라는 의미를 내포한다. 이러한 해석은 풍경을 대하는 화자의 태도가 이중적이라는 데서 기인한다.

화자는 "내가 자꾸 고개를 흔드는 것은 그것들의 냄새를 덜어내려는 속임수여서 가끔은 내가 먼저 속기도 한다."라고 고백한다. '속임수'는 대상의 얼굴에 새겨진 과거의 아픔이나 흔적을 애써 외면하고 싶은 욕망이다. 타자의 얼굴이 곧 '나'의 얼굴이기도 하므로, 이는 화자의 얼굴에 드리워진 그림자를 부정하려는 시도이기도 하다. 하지만 화자는 스스로 속이거나 속고 싶은 유혹에서 벗어난다. 빈번했던 "큰물"은 존재들이 겪어내야만 했던 고통과 시련이다. "뿌리도 없이 살아남은 무리들"과 "꽃이 아니고도 향기로운 것들이 저렇게 많"다는 데 화자는 새삼 놀란다. "다 들키고 말겠지만"이라는 체념적 태도가 정확히 무엇을 의미하는지는 모호하나, 풍경의 이면에 영향을 받아서 마음의 온도가 올라간 것만은 분명하다. 그는 "바짝 마른 개울둑에" 무슨 안간힘처럼 "개망초꽃 듬성듬성 남았"다며 고통과 시련을 극복한 존재의 생명력을 긍정한다.

"들큼한 것들처럼 끈적"이는 풍경의 겉과 달리 "지독한 기록"이라 할 수 있는 풍경의 속은 내밀한 삶의 흔적이다. '속임수라는 쓸데없는 술수를 터득하는 중'이라는 시인의 고백은 존재의 은폐와 비은폐를 단순히 대립시키지도, 그렇다고 삶의 진경이라는 식으로 쉽게 소모하지도 않겠다는 결의를 엿보게 만드는 대목이다. "오래된 것들이 풍기는 냄새" 즉 "지독한 기록"은 부정과 수용을 갈등하게 만드는 존재의 '얼굴'이다. 「얼굴」은 존재의 양면성을 심도 있게 탐색하는 시인의 복합적인 태도가 잘 드러난 작품이다. 이처럼 타인과 '나'를 구분하지 않는 사고의 구조는 「죽음의 쓸모」에서 본격적으로 확장된다.


서어나무 한 그루 고요하다
제가 제 죽음을 믿을 수 없거나
끝내지 못한 문장이 있는 시인의 후생인 것만 같은

저 죽음의 준비는 오랜 시간이 걸린 듯
살점을 말끔히 저며내고 큰 키를 접어 그늘을 거두고
먼 인연의 바람에게 물기를 부탁했을 테지

지금 내가 보고 있는 것은 서어나무의 진행형 환생 과정은 아닐지

육탈의 갯골을 타고 천만 갈래의 와디가 지나간 자리를 곰곰 살펴
바다을 고르고 알을 낳는 알락수염하늘소의 비명으로
숲이 잠깐 소란했는데

죽어서 다시 사는 서어나무의 간절이 푸르르 웃겠다
그러니까 서어나무는 알락수염하늘소를 부려서 날아갈 다음 생을 기다리던 거였다

키다리 서어나무를 데리고 숲을 살아내야 하는 알락수염하늘소는
나무가 아주 떠나기 전에 온전한 집터를 찾아야 할 텐데
편애가 심하다는 서어나무의 본관을 믿는 수밖에

어쩌면, 알락수염하늘소의 수염 무늬는 제가 환생시킨 서어나무의 숫자인 듯도 하여

죽어서 다시 사는 것들의 이름 앞에 깊이 절한다
— 「죽음의 쓸모」 전문



시의 1연은 서어나무의 죽음을 알려준다. 죽은 서어나무가 '끝내지 못한 문장이 있는 시인의 후생 같다'란 구절에는 서어나무에 시인을 겹쳐 놓는 내밀한 전이가 돋보인다. '끝내지 못한 문장'이란 무릇 죽음 앞에서 느낄 모든 생명체의 '미련'이거나 삶의 '미완'을 화자가 직감함이다.

시간의 흐름에 따라 서어나무가 서서히 고사목이 되어가는 2연은 주검을 자연에 노출해서 비바람에 소멸시키는 풍장을 연상케 한다. 삶의 구속에서 벗어나 자연의 일부로 돌아가는 서어나무의 모습이 살점을 말끔히 저며내고 큰 키를 접어 먼 인연의 바람에게 물기를 말리는 과정이라면, 그것은 삶의 미련이라기보다 미완의 전생을 공들여 매듭지으려는 후생의 노력에 가깝다. 해서 '육탈의 갯골(나무의 갈라진 틈)과 '와디(물이 흐르던 흔적)'를 간직한 서어나무는 마침내 다른 생명체가 살아갈 매개체로 준비된다.

시인은 왜 죽음의 대상으로 서어나무를 선택한 걸까? 서어나무는 공해에 대한 저항력이 약해 도심에서는 거의 찾아볼 수 없다고 한다. 서어나무의 이러한 생태가 존재의 구도자적 면모를 강조하는 듯 보인다. "편애가 심하다는 서어나무의 본관을 믿는"다는 구절은 극상림에 국지적으로 서식하는 알락수염하늘소의 성충이 주로 서어나무 고사목에서 발견됨을 함의한다. 시인은 마침내 육탈한 서어나무에 알락수염하늘소가 알을 낳음으로써 "서어나무의 진행형 환생 과정"이 완성되었노라 이야기한다. 죽어 풍화된 육신의 서어나무와 살아서 알을 낳는 알락수염하늘소의 일체를 통해 이 시는 죽음에 대한 전통적 슬픔을 넘어 자연의 순환 속에서 삶의 의미를 탐구하는 철학적 성찰을 담아낸다. '나'의 유한성이 '너'로 말미암아 무

한성으로 이어짐은 '나'의 얼굴이 '타인'의 얼굴로 이루어 졌다는 만큼이나 신비롭다. 죽음이 오히려 삶을 지탱하기에 박미라의 시는 죽음이 두렵지 않다. 불안정하고 사라져버리는 삶의 보편성 너머, 희미한 빛의 심연 같은 '타인'의 얼굴이 기다리고 있기 때문이다.

죽은 나무처럼, 죽어가는 나무처럼,

어디에도 깃들지 못하는 깃털 빠진 새의 몸으로
여러 번째의 하루를 밀고 간다
—「생일 혹은 데자뷰」 부분


하지만 타인과의 관계성을 통한 삶의 긍정적 구축이 매번 성공하는 것은 아니다. 오히려 박미라의 시는 개인적 쓸쓸함이 도드라지는데, 불가항력의 현실 속에서 주체의 '거짓말'은 자기연민을 거부하려는 시적 진실과 통한다. 객관적 진실의 세계와는 별도로 존재하는 주관적 진실의 세계가 흔히 상상력에 의한 유희적 성격을 띠는 것과는 별개로, 그의 시에서 거짓말이라 칭하는 시적 진실은 시인의 가치관이나 사태에 대한 대응 방식을 대변한다. "녹슬어 눕는 것들의 다음이 고요라는 말은/ 내가 만들어낸 거짓말이다."란 고백을 보자. 이와 같은 '시인의 말'에서 우리는, 무력한 존재로서 무엇을 바꿀 능력은 없으나 '고요히' 견디려는 태도를 엿볼 수 있다. "돌을 꽃이라 오역하는"(「시인의 말」) 시인에게 아픔과 불운은 있어도 슬픔의 남용은 있을 수 없다. "이해한다 다 이해한다"와 같은 "한결같은"(「잠의 총량을 구하는 공식」) 거짓말이 있을 뿐이다.

'슬픔의 성소(聖所)'를 언급한 이에 따르면 취약함은 인간을 인간이게끔 하는 특징이다. 인간성을 발견한다는 것은 곧 인간의 취약함을 발견하는 일이다. 인간은 취약하므로 인간에게는 울어도 될 곳이 필요하고, 그 울음의 장소가 바로 성소라는 거다.[2] 그런데 인간이 취약해서 운다는 인과적 설명은 울지 않는 인간은 과연 강할까, 라는 의문을 불러온다.

박미라의 『죽음의 쓸모』는 울지 않으려 슬픔으로부터 도망치다 슬픔의 성소―그의 시에서 성소는 '沼沼'로 나온다―가 되어버린 역설 가득한 시집이다. 시집 곳곳에서 이루어지는 시인의 행위는 "누군가가 무엇을 한다고 치면 그건 그곳으로부터 떠나는 문제이면서 그곳에 머무는 문제이기도 하다"는 들뢰즈의 말을 떠올리게 만든다. 가령 "북쪽 땅에 다녀"오면서 가져온 "송홧가루 다식"을 먹음은 무언가를 하는 행위다. 여기에 "오늘 잠깐 다녀온 산책 뒤에 눈물까지 흘리며" 재채기하는 "봄꽃 알러지"가 동반

---

[2] 김영민의 『가벼운 고백』.

하는데, 이러한 신체의 증상은 "송화꽃 필 때 만나자 같은 실없는 약속"이 적힌 옛글을 떠올리며 "재채기를 핑계로 잠깐씩 없는 너를 그리워"(「송화」)하는 심리적 반응과 통한다. 다식을 먹는 행위와 그 행위로 인한 재채기는 그리움의 해소로 이어지는 것이다.

그런데 박미라의 시가 송홧가루를 핑계로 그리움을 드러내는 경우와 같은 예는 극히 드물어서, '그곳에 머무는' 화자의 행위는 '그곳을 떠나는' 일에 매번 실패한다. 이는 시인의 시에서 '그리움'과 같은 정서가 표출되기보다는 즉각적으로 억눌리거나 반어적으로 드러나는 데서 비롯한다. 시인은 '그곳'에 머물지만 슬픔도 슬픔의 성소도 인정하지 않는다. 박미라의 시가 달아나려 열심인 지점과 독자의 정서적 직관 사이에서 시적 긴장이 빚어지는 이유다. 어쩌면 시인이라는 존재는 울음을 감추기 위해 슬픔을 제 안에 가둔 채 '거짓말'로 자기 자신을 속이는 자라고 이해해도 좋을까?


고래가 있었다
캄캄하고 뜨겁고 기다란 몸을 가진 고래였다
우리 집 고래는 불을 잘 먹는단다 할머니는
고래 속으로 고래 속으로 불을 밀어넣었는데
고래가, 욕심껏 삼킨 불을 어쩌지 못해

꾸역꾸역 게워낼 때면 내 등짝이 후끈거렸다

할머니가 죽고, 동생이 죽고, 뒤란 감나무가 죽고,

숨죽여 울다가 차디차게 식어버린 고래
더는 불길 들이지 않는 저녁을 견디던 고래가
스스로 무너져 내렸다

내가, 고래 없는 세상으로 숨어든 다음
고래는 바다로 갔다던데

더는 불길 삼킬 고래도 없는 옛집을 떠난 후
불꽃 같은 분수를 짊어지고 떠돌더라는
고래 이야기를 듣고 또 듣고

고래가 없이도 등짝을 데우는 방법이 우거진 세상에서
내 등짝은 마른장마에도 눅눅해서

가끔 바다에 들려 고래 소식을 수소문해보는데

바다가 지피는 불은 참, 뜨겁기도 하더군
얼마나 다행인지
—「사소한 기록」 전문

시에서의 '고래'가 어느 날 아침, 눈을 뜨니 벌레가 되어 있었다던 그레고리 잠자와 같은 우화적 인물은 아닐 것이다. 여기서 고래는 온돌 문화에서 아궁이에 지핀 불의 뜨거운 연기와 열기가 방바닥 아래를 지나가며 방을 데우는 통로를 말한다. 할머니가 "우리 집 고래는 불을 잘 먹는단다"라고 했다거나, "고래가, 욕심껏 삼킨 불을 어쩌지 못해/ 꾸역꾸역 게워낼 때면 내 등짝이 후끈거렸다"라고 회상하는 부분은 화자의 어린 시절이 잘 데워진 아랫목처럼 따뜻했음을 말해준다.

어린 시절의 밝은 원형적 체험은 "할머니가 죽고, 동생이 죽고, 뒤란 감나무가 죽"는 서사로 반전되는데, 이어지는 일련의 죽음은 화자 가족의 불운한 서사를 짐작게 한다. 화자는 더는 불길 삼킬 고래도 없는 옛집을 떠난 후, 불꽃 같은 분수를 짊어지고 떠도는 고래 이야기를 "듣고 또 들었"노라 고백한다. 이는 정든 고향을 떠나 낯선 도시를 떠도는 화자의 외로운 초상이자, 어느 시절의 기억이 망각되지 않은 진행형의 고통으로 그에게 여전히 머물러 있음을 의미한다. 걷잡을 수 없는 통증에 시달릴 때면 "밤새 짖어대는 집 없는 개처럼/ 마음의 곡비 하나 불러내"(「흐르는 강물처럼」)면서 그는 현실을 버틴다.

「사소한 기록」에서 보다시피 박미라의 시의 정서는 개인 삶의 서사적 심층 속에 엉겨 있는 비극성에 그 기초를 두고 있다. "멀어진 것들이 자꾸 눈에 밟힌다// 자주 눈에 박힌다"(「태풍의 눈」)란 고백은 진솔하다. 하지만 가족 해체에 따른 '존재의 근거로부터 뿌리 뽑힘'과 그로 인한 소외 의식, 고향을 떠나 세상 속에서 '몸 비빌 곳 없는 상태로 뒹굶'이라는 자의식은, 토해내기보다 "사소한 기록"이라든지 "얼마나 다행인지" 하며 중얼거리는 식의 반어적 표현으로 솔직하지 못하게 드러난다. 화분 속 떡갈나무에 물을 주며 "우리 엄마도 죽었단다 봄이었어/ 죽기 좋은 계절이지/ 너는 어떠냐?"라고 짐짓 무심한 척하지만, 시인의 진심은 "그래서 봄비가 싫어"라는 제목에 숨겨둘 따름이다. 그러므로 "아름다운 세상이다"라는 다음의 고백이 울음을 참는 사람의 성대가 가진 뻐근함으로 다가오는 데는 이유가 있을 것이다.


-악몽에 쫓겨온 여자가 침대 아래 쓰러진다. 와상환자인 사내가 묻는다.
"손 줄까?"

멈춘 듯 흐르는 구름을 바라볼 때, 허물어진 담장도 없는데 제 발에 걸려 넘어질 때, 짚고 일어날 목소리도 없어서 망연할 때, "손 줄까?" 이명처럼 들리는 한마디가 뜨겁게 사무쳐서 엎어진 발등을 물끄러미 바라보다가 오래 비 맞은 청동 문짝 같은 손등이나 문지른다

와전되거나 부식되는 전설처럼 옛날에 옛날에 내게도 그런 말이

있었다고 꺼내보고 싶었다.

"손 줄까?"

어떤 말은 영혼에서 꺼낼 때만 들린다지만
나는, 너무 깊이 묻었구나.

내게서 발굴된 저 말을 방송으로 듣게 되다니,

아름다운 세상이다
—「손 줄까?」전문


TV 속 남자가 여자에게 건넨 "손 줄까?"라는 말에 화자는 그 "한마디가 뜨겁게 사무쳐서 엎어진 발등을 물끄러미 바라보다가 오래 비 맞은 청동 문짝 같은 손등이나 문지른다"라고 고백한다. 외로울 때 스스로 몸을 쓰다듬는 행동은 심리적으로 자기 진정(self-soothing)을 위한 자연스러운 반응이다. 촉각을 통한 안정감은 외로움으로 인해 세상과 단절된 듯한 자신에게 '나는 여기에 존재한다'란 사실을 상기시킨다. 또한 스스로를 쓰다듬는 행위는 마치 누군가에게 보살핌을 받는 듯한 느낌을 준다. 이는 결핍된 사회적 지지와 보살핌을 일정 부분 보상하려는 무의식적인 시도라고 볼 수 있다.

문제는 외로움의 농도가 가장 짙은 순간에도 화자의 선택이 스스로 자기 몸을 쓰다듬을 뿐, 누군가와 감정을 공유하거나 타인의 위로를 갈구하는 행위와는 멀찌감치 거리를 둔다는 점이다. 그의 정신은 피를 낭자하게 흘리더라도 그의 고통과 절망은 인지되지 않거나 인지되더라도 인정되지 않는다. "너무 깊이 묻었"던 위로의 말은 인위적 "발굴"을 거치고서야 겨우 화자의 고통에 결부된다. 때문인지 자기 속에 깊이 묻힌 위로의 말을 TV에서 들으며 "아름다운 세상이다"라고 중얼거리는 화자의 혼잣말에는 슬픔이 배어 있다. "허물어진 담장" 같은 자기 처지를 돌아볼 때 슬픔은 "깨달음처럼"(박소연) 찾아오기 때문이다. 그리고 그 순간조차 시인은 자기를 향해 거짓말로 웃음 짓는다.


사라진 눈물의 행로야 뻔한 것이어서

너 없이 사는 날들도 괜찮았다고
빵 반죽처럼 숙성되는 거짓말을 웃는데

복숭아뼈에 주사기를 쿡, 찔러 물을 뽑아내며
이러고 살았느냐고 혀를 끌끌 찬다

내 몸에 소沼를 이루고 나를 버티는 것들이

모두 길을 잃은 것들이기야 하랴만
몸을 덜어 몸 밖으로 내보내면서도

덜어낸다는 것은 버린다는 것과 같은 말이어서

나는, 쓸쓸하지도 않다
— 「어지간하다」 부분


 "길을 잃은 것들"이 "소沼를 이"룬 몸으로 앓으면서도 "너 없이 사는 날들도 괜찮았다"며 "거짓말을 웃거"나, "나는, 쓸쓸하지도 않다"라는 반어로 버텨내는 삶은 '너'의 위로를 기대하지 않기에 실망의 대가를 치르는 법이 없다. 이는 "가도 가도 멀어지는 이름"(「자두의 변용」)인 '너'를 불신해서가 아니라 현실에서 '너'라는 존재의 부재로 인한 불가피함이다. 이처럼 박미라의 시에서 '거짓말'이라는 부정의 방식을 통해 그려지는 것은 근원적인 고독과 소외를 감당하는 바로 '나'라는 존재의 이면인데, 미소 짓는 얼굴 뒤의 쓸쓸한 표정은 우리가 가진 존재론적 고독이 본질적으로 치유 불가능한 것임을 확인시킨다. 그러한 맥락에서 '너'와 '나'의 완전한 합일이 '영구동토'라는 다분히 상징적인 공간에서 이루어짐은 주목을 요한다.

그가, 수시로 액자 속을 드나든다는데
허공중에 길을 닦아두었는지 행로를 짐작할 수 없다기에
침대 모서리에 모래시계를 세워둔다
눈에 띄기 어렵게 그믐밤 색깔로 골랐다
그의 한숨이 툭, 쳐서 바닥으로 떨어뜨리면
깜짝 놀란 대리석 바닥이 펄쩍 뛰고
모래시계는 산산조각 깨어지고 모래들 사방으로 흩어지리라
그러면 되었다
그가 그 모래알들을 다 헤아릴 때까지 나는
세상에서 제일 친절한 새 액자를 만들겠다
어린 물푸레나무를 구하여 정성껏 가꾸고
파르스름한 살결이 제법 향기로워지면
어르고 달래며 반그늘에서 물기를 거두고
비로소 액자를 만들겠다
그때, 마음 놓고 액자 속으로 옮겨와도 좋다
끝내지 못한 편지를 간추려 짐을 꾸리겠지
그가 시절 없이 피고 지는 것들을 돌아보지 않을 것을 안다
정성을 다했지만 아직 눈물 남아있어서
액자가 틀어지거나 떨어질 수도 있겠지만

그가 자리 잡은 후
내 입김도 식은 후

모든 것들이 얼어붙으리라
가장 게으르고 무거운 말이 천천히 도착할 때까지 기다려
그래, 우리의 영구동토가 의젓하리라

너무 오래 달려와 과호흡으로 덜컥이는 것들이 모두 정지하고
투병도 이별도 더는 자라지 않는
영구동토를 그에게 주겠다
내 것으로 삼겠다
―「영구동토 생성記」 전문


"수시로 액자 속을 드나든다"는 '그'가 야광귀(夜光鬼)에 얽힌 풍습을 연상시킴은 흥미롭다. 이 귀신은 섣달그믐 밤에 사람들의 신발을 훔치러 다니는 존재로 알려져 있다. 옛사람들은 귀신에게 신발을 빼앗기면 그해에 불행이 닥친다고 믿어서, 잠자리에 들기 전에 신발을 마루에 두지 않고 방 안에 들여놓거나 뒤집어 놓는 풍습이 있었다. 그런데 이 야광귀를 쫓아내는 독특한 방법이 체나 구멍이 숭숭 뚫린 바구니를 문밖에 걸어두는 거였다. 숫자 세는 건 좋아하지만 셈에는 약한 야광귀가 체나 바구니의 구멍을 반복해서 세다 결국 동이 트는 바람에 도망쳐버린다고 믿었던 거다.

그런 귀신을 쫓으려는 옛사람들과는 반대로, 화자는 이승을 찾은 '그'를 붙잡아두기 위해 모래시계를 침대 모서리에 일부러 세워두겠다고 한다. 그믐날 밤에 오는 그가 "사방으로 흩어"진 모래알을 헤아리느라 정신이 없는 틈을 타 "어린 물푸레나무"로 정성껏 액자를 만들겠다는 게

화자의 계획이다. 물푸레나무는 강인하고 단단한 속성을 가졌지만, 아마도 어린 물푸레나무이기에 "어르고 달래며" 액자를 만들기에 수월하리라. "끝내지 못한 편지를 간추려" 그가 액자를 자기 거처로 삼아 자리 잡은 후에 벌어지는 일들은 화자의 죽음을 암시한다. "내 입김도 식은 후// 모든 것들이 얼어붙"은 영구동토의 공간 속에서 화자는 '그'와 함께 "가장 게으르고 무거운 말이 천천히 도착할 때까지 기다려"야겠다고 다짐한다. "너무 오래 달려와 과호흡으로 덜컥이는" 화자의 전생(全生)이 멈춘 후, 비로소 '사랑'이라는 가장 게으르고 무거운 말이 도착하리라. 「영구동토 생성기」는 전설을 차용한 특이한 기법으로 '그'의 영혼을 포박하는 격리와 합일의 서사이자, 사랑하는 대상에 대한 박미라 시의 교감과 애착이 극대화된 작품이다.

『죽음의 쓸모』는 존재의 양면성을 심도 있게 탐색함으로써 불안정하고 사라져버리는 삶의 보편성 너머, 희미한 빛의 심연처럼 존재하는 '나'와 타인의 얼굴을 발견한다. 한편 개인 삶의 서사적 심층 속에 엉겨 있는 비극성에 그 기초를 두고 있는 박미라 시의 정서는 가족 해체에 따른 '존재의 근거로부터 뿌리 뽑힘'과 그로 인한 소외 의식, 고향을 떠나 세상 속에서 '몸 비빌 곳 없는 상태로 뒹굶'이라는 자의식으로 기울어 있다. 이와 같은 정서가 '거짓말'과 '반어'라는 부정적 방식을 통해 근원적인 고독과 소외를 감당하는 '나'라는 존재의 이면으로 육화된다는 점에서, 이 시집은 존재의 결핍으로 주름 잡힌 채 접혀 있다. 이는 시인이 자기 연민을 독하게 거부하려는 노력이겠으나, 역설적으로 그의 시는 슬픈 주체와 심적으로 가깝다. 결국 박미라의 시는 웃고 있는 표정 뒤의 서늘한 실루엣을 통해, 우리가 가진 존재론적 고독이 본질적으로 치유 불가능한 것임을 확인시킨다. 끝

달아실시선 96

# 죽음의 쓸모

| | |
|---|---|
| **1판 1쇄 발행** | 2025년 8월 26일 |
| **지은이** | 박미라 |
| **발행인** | 윤미소 |
| **발행처** | (주)달아실출판사 |
| **책임편집** | 박제영 |
| **기획위원** | 박정대, 이홍섭, 전윤호 |
| **편집위원** | 김선순, 이나래 |
| **디자인** | 전부다 |
| **법률자문** | 김용진, 이종진 |
| **주소** | 강원도 춘천시 춘천로 257, 2층 |
| **전화** | 033-241-7661 |
| **팩스** | 033-241-7662 |
| **이메일** | dalasilmoongo@naver.com |
| **출판등록** | 2016년 12월 30일 제494호 |

ⓒ 박미라, 2025
ISBN 979-11-7207-065-6  03810

이 책의 일부 또는 전부를 재사용하려면 반드시 저작권자와 (주)달아실출판사 양측의 동의를 얻어야 합니다.

* 잘못된 책은 구입한 곳에서 바꿔드립니다.
* 책값은 뒤표지에 표시되어 있습니다.
* 이 책은 충남문화관광재단의 〈2025 충남예술지원사업〉 지원으로 발간되었습니다.